日有所思

打破
思考僵局的
种子

[美]亚当·格兰特（Adam Grant） 编著

葛羽斯 译

中国友谊出版公司

图书在版编目（CIP）数据

日有所思：打破思考僵局的种子／（美）亚当·格兰特（Adam Grant）编著；葛羽斯译. -- 北京：中国友谊出版公司, 2025. 6. -- ISBN 978-7-5057-6066-0

Ⅰ. C912.11-49

中国国家版本馆CIP数据核字第2025U4R394号

著作权合同登记号　图字：01-2025-2478

SOMETHING TO THINK ABOUT 2025 Calendar
Copyright © 2024 by Adam Grant
This edition arranged with InkWell Management LLC
through Andrew Nurnberg Associates International Limited

书名	日有所思：打破思考僵局的种子
作者	[美] 亚当·格兰特　编著
译者	葛羽斯
出版	中国友谊出版公司
策划	杭州蓝狮子文化创意股份有限公司
发行	杭州飞阅图书有限公司
经销	新华书店
制版	杭州真凯文化艺术有限公司
印刷	杭州钱江彩色印务有限公司
规格	787毫米×1092毫米　32开 10.875印张　56千字
版次	2025年6月第1版
印次	2025年6月第1次印刷
书号	ISBN 978-7-5057-6066-0
定价	62.00元
地址	北京市朝阳区西坝河南里17号楼
邮编	100028
电话	（010）64678009

目 / 录

001 /	一月	JANUARY
031 /	二月	FEBRUARY
057 /	三月	MARCH
085 /	四月	APRIL
113 /	五月	MAY
143 /	六月	JUNE
171 /	七月	JULY
201 /	八月	AUGUST
229 /	九月	SEPTEMBER
257 /	十月	OCTOBER
287 /	十一月	NOVEMBER
315 /	十二月	DECEMBER

一月 JANUARY

1月1日　周三

反思错误并不是为了羞辱过去的自己，
给予未来的自己以启迪才是目的所在。

在追忆中思考哪里出了问题。
为做得更好探索全新的见解。

过去已成定局，
未来可以更好。

1月2日　周四

内向与否,
不取决于内心从哪里获得能量,
如何应对外界刺激才是判断的标准。

在人与人的互动中,内向的人也会充满活力,
只是很容易被嘈杂的聚会、没有边界的对话,
以及没完没了的访客搞得筋疲力尽。

内向的人并不是不合群,
只是更喜欢安静的氛围。

一月

1月3日　周五

英雄所见不同，
不同思想碰撞出不同的火花。

给予你最多教诲的人和你原则相同，
思维过程却千差万别。

趋同的价值观引向惯常议题，
不同的观点会带来全新的答案。

日 有 所 思

1月4/5日　周六/日

智慧的标志，
是不再对一切信以为真。

停止将一切感受内化，
是心智成熟的表现。

思想和情感都是让人尽兴生活的工具，
不存在什么理所当然的确定性。

一月

1月6日 周一

真实并非毫无保留地表达观点,
而是确保每一次发声都凸显自身价值观。

一个人如果崇尚尊重和善意,
就不会用轻蔑和咄咄逼人的口气发表观点。

代表个人理想的想法,
最是值得分享。

1月7日　周二

害怕他人失望让我们深受其害,
将自身感受归置一隅。

是否满足他人的期待由不得我们控制,
遵循内心才是我们唯一能做的事情。

任何承诺都不及对自己的投入。

一月

1月8日　周三

追求完美会阻碍进步,
降低对初稿的标准才能带来源源不断的动力。

追求效率让质量大打折扣,
提高对成品的要求是实现卓越的起点。

保持平衡的关键在于,
攀登者的目标远不止于脚下。

日 有 所 思

1月9日　周四

开创事业不能总想着规避风险,
学会管理风险才是关键。

好比股票投资组合:高风险,高回报。
手头的赌注如果全上了保险,
就要重新进行一番平衡考量。

从长远来看,不曾冒过险,
往往是人生最大的遗憾。

一月

1月10日　周五

不能只看一个人待你如何。
面对不喜欢或觉得没有利用价值的人，
才是对品格的真正考验。

如果对你很好却对其他人极不友善，
那你就要谨慎行事了。

有差别的教养无异于赤裸裸的敌意。

日 有 所 思

1月11/12日　周六/日

一味提高效率往往会破坏平衡。
平衡有时需要降低期待。

优先事项越多就越难以同时兼顾。
做好手头几件事,
好过被待办清单压得喘不过来气。

厘清哪些事情无关紧要,
是避免精疲力竭的关键。

一月

1月13日　周一

智力无法代替知识,
聪明人未必会花时间了解实情。

知识无法代替智慧,
知情者未必能做出正确的判断。

只有谦虚地探索未知,
才能拥有最佳判断力。

日 有 所 思

1月14日　周二

与你意见相左的人给出的最高赞美：
不是"你说得对"，
而是"你让我有了新想法"。

精彩的辩论能让人一改往日的简单思维，
进一步认识事物的复杂性。

辩论的最终目的不是为了达成共识，
而是培养批判性思维。

一月

1月15日　周三

身份认同的核心不在于别人觉得你该成为谁，
关键在于你自己的想法。

70项研究表明：关注自身理想而不是他人期待，
更有利于身心健康。

跨越个人行动与价值期待之间的鸿沟，
我们才能找到幸福的所在。

日 有 所 思

1月16日　周四

初次见面不要问对方的职业,
这会让对话局限于工作框架。

不妨试着询问对方的爱好,
这会激发出彼此的好奇心,
推动话题延伸至个人领域。

一月

1月17日　周五

强词夺理只能说服自己,
并不能让观点站稳脚跟。

确定性固然令人着迷,
但切勿拿信念当真理。

甘愿为之赴死的那座山,
也许一开始就不值得你迈开脚步。

1月18/19日　周六/日

作为父母，让孩子成功或快乐不是最重要的。
父母的主要任务是培养孩子的人格。

仅仅依靠价值观的灌输还不够，
父母要鼓励孩子探寻自身的价值观。

父母真正的成功，
是让孩子做好准备，
有朝一日自己决定想成为什么样的人。

一月

1月20日　周一

记忆不会随着年龄的增长而消退。

记忆库里的内容逐年增多。
尽管有些事情不能一下子回忆起来,
但是我们的认知能力也在逐年增强。

只要积极地参与其中,乐于探索,
记忆检索就会变得更加容易。

日 有 所 思

1月21日　周二

真诚的道歉无关乎意图,
能带来怎样的影响才是最重要的。

"我并非有意要伤害你。
我为我做过的事情道歉。
我保证以后能做得更好。"

过于在乎道歉的动机,
会让我们难以看清行为的后果。

一月

1月22日　周三

视具体的人为榜样,
会让人产生不切实际的期望。
你终会参透这些人并非无所不能的神。

不如欣赏某个人具体的长处。
这也是在提醒你,人人都有弱点。

明白人人都有小毛病,
就会让他们的长处看起来不再遥不可及。

日 有 所 思

1月23日　周四

寻求建议并不代表无能，
而是对他人见解的尊重。

请求反馈也不意味着缺乏安全感，
而是表明比起自尊你更乐于学习。

求助并非示弱，
它能带来力量。

一月

1月24日　周五

他人寄予的厚望,
往往能激发我们的意志力。

如果告诉孩子们,
忍住不吃饼干之后就能够多吃一块,
被同伴依赖的孩子往往更容易做到。

不单单为自己着想的人,
会拥有更强大的自制力。

日 有 所 思

1月25/26日　周六/日

对知识无功利的渴求，
是好奇心的一大标志。

终身学习者享受探索的乐趣，
不关心有无立竿见影的发现。

纯粹的理解，
是我们的最终目的。

1月27日　周一

工作堆积如山让人劳累过度。
工作十分无趣让人闷得发慌。

责任过重则精疲力竭。
无事一身轻叫人泄气。
懒散和虚度光阴磨损着人的精力。

把握价值感和掌控力之间的度,
才能保有对生活的激情。

日 有 所 思

1月28日　周二

同样都是赞美,
体贴比聪明分量更重。

聪明是对一个人推断能力的肯定,
体贴的人乐于学习,给他人关爱。

深刻的思考加上广博的善意,
共同造就了一颗体贴的心灵。

一月

1月29日　周三

回顾自己以前的作品觉得尴尬,
这并非无能,而是成长的标志。

逐年提高的自我要求、个人品位、判断力,
令你对过去的表现吹毛求疵。

这是通往崭新未来的必经之路。

日 有 所 思

1月30日　周四

糟糕的老板往往压缩员工休息时间,
视休假为敬业精神的缺失。

好的老板会给员工放假,
视休假为工作活力的源泉。

伟大的老板强制休假,
将休假视为一种权利,而不是奖励。
比起工作效率,他们更关心员工的生活。

1月31日　周五

增强自尊心能带来自信，
维护自尊心可消除不安。

自尊心一旦向外求，
其稳定性便不可控。

内在的稳定和价值信念，
是安全感的来源。

二月 FEBRUARY

2月1/2日　周六/日

创造力是一门善待自己的艺术,
能够带来新想法,并在实践中督促自己进步。

邀请体内的创造力因子参与一场头脑风暴,
风暴后的残局放心交给内心的批评家审判。

日 有 所 思

2月3日　周一

因他人而感到愧疚，
情绪便受外界期望所控。

他人何种想法同你毫无干系。
你不必对任何人负责。

必要的时候要放弃迎合他人，
坚守自己的底线。

二月

2月4日　周二

短期来看，变革会带来风险，
但从长远来看，保持不变藏有更大的危机。

随着时间的推移，
不思进取会让人变得平庸，
逐渐被社会淘汰。

考虑变革的直接成本时，
不可忽视维持现状需要付出的努力。

2月5日　周三

看到有人内心受伤，
我们总想告诉他们应该如何恢复心情，
但确认他们的真实感受才是当务之急。

与其一个劲儿地分享自己的见解，
不如让对方知道自己正感同身受。

情绪识别是情绪管理的前提。

二月

2月6日　周四

生命中最稀缺的资源不是时间或精力,
不是爱,而是专注力。

屈服于注意力涣散的自己,
便是在主动降低自己的认知、情感和社交能力。

专注好比一件珍贵的商品,
重要事项值得你全神贯注。

2月7日　周五

什么样的工作是有意义的?
能让他人生活得更好的工作。

信念动摇时,不妨问自己:
"如果我不工作了,谁的生活会更糟?"

脑海里浮现出的名字,
就是你的工作很重要的原因。

2月8/9日　周六/日

贪恋权力、寻求关注的领导，
不该授之以殊荣。

权力应当留给那些
以敬畏之心衷心服务的人。

欲戴其冠，必承其重。

日 有 所 思

2月10日　周一

害怕给予真实的反馈，
并不意味着你缺乏勇气。
问题的根源在于心理安全感的缺失。

即使没让你噤声，
他们也没有给你说话的机会。

想要知道真相，
对方就必须托得住真相的残酷。

二月

2月11日　周二

完全避免说"呃"和"啊",
毫无道理可言啊。

证据表明:说话时的停顿词预示着新信息的到来,
让听者更容易理解和记住接下来的内容。

表达时犹豫并不会让人觉得软弱,
它能帮助你……呃……清晰地沟通。

日 有 所 思

2月12日　周三

讨论复杂问题时,
与你意见相左并不代表对方人品不好。
可惜很多人常常忘记这一点。

品格由行为塑造,
并非源自信仰。

切勿将错误想法和错误行为混为一谈。

2月13日　周四

"我只是在做我自己"不能成为失礼的借口,
这是不关心他人的表现。

没有同理心的真实是自私的。
没有界限的真实一点儿也不严谨。

忠于自己的价值观在某种意义上,
亦是对他人价值观的尊重。

日 有 所 思

2月14日　周五

大脑化学反应最精彩的部分,
不是同意他人的观点,
而是享受争辩的过程。

声色和谐需要精妙排列,
需要不同音调、声音和乐器演奏,
而不是同一声音的简单组合。

创造性的张力造就美妙音符。

二月

2月15/16日　周六/日

进步鲜少如直线般可观,
渐进展开是其典型模式。

你感觉自己每天都好像在转轮子,
但回顾过去几个月或几年的轨迹,
前进的印迹清晰可见,

许多看似微小的转折,
都会带来惊人的成长。

2月17日　周一

观点不偏不倚并非平等地权衡各方，
掌握有力论据才是最为重要的事情。

批判性思维并非将观点全盘托出，
而是要摸清自己内心的价值取向，
认真思考与个人信念相悖的事实。

二月

2月18日　周二

尽管我们的文化常常以数量取胜,
但不要忘记到头来质量才是关键。

成功只需创作几部杰作足矣,
不需要堆积如山的平庸之作。

拥有几个真朋友,
远比认识一帮熟人幸福。

日 有 所 思

2月19日　周三

艰难痛苦的经历并非都会留下创伤。
沮丧并非都会造成伤害。

苦难的影响究竟有多大，
取决于身心功能的受损程度和持续时间。

把改变生活的痛苦和沮丧情绪混为一谈，
弱化痛苦的同时亦是在削弱自身恢复力。

二月

2月20日　周四

与其让孩子们不要玩电子游戏,
不如自己也参与其中。

与不玩电子游戏的孩子相比,
经常玩电子游戏的孩子,
记忆力更好,冲动控制能力更强。
实验表明:成年人玩电子游戏,
其认知能力也会有所提高。

适度玩电子游戏是对大脑的一种锻炼。

日 有 所 思

2月21日　周五

对开放的心灵来说,
别人挑战自己的想法并非攻击,
而是一个学习新东西的好机会。

不必为理解他人的观点
而随声附和,盲目认同。

激烈的辩论可验证一切假设和推理。

二月

2月22/23日　周六/日

不健康的文化视休息为脚离开加速踏板，
不到精疲力竭的崩溃边缘脚便不能放松。

健康的文化将休息比作燃料，
定期休息可保持精力充沛，避免倦怠。

日 有 所 思

2月24日　周一

决策之初,直觉并不可靠,
过往模式也许在当下并不适用。

几经权衡,直觉更有价值,
足以补充可能漏掉的宝贵信息。

二月

2月25日　周二

以超越他人为目标,
自尊就会化作一江惊涛骇浪。
以自我为目标方可平稳航行。

过去的自己是最强劲的对手,
未来的自己是最耀眼的榜样。
他们不会嘲笑或打击你,
赤心一片只想着激励你。

日 有 所 思

2月26日　周三

不能只听一屋子里最聪明的人说话，
这会错过其他人的智慧见解。

每个人身上都有我们不曾了解的未知，
淬炼的智慧里有我们不曾拥有的经历。

每一次对话都是宝贵的机会，
足以让我们学习到新的东西。

2月27日　周四

帮助一贯自私的人，
会助长不良的行为。

索取者会借你伸出的援手，
将你榨干，借你设计他人。

时间和精力应花在有价值的人身上，
他们总是努力给予回报，不断前进。

日 有 所 思

2月28日　周五

生活忙碌并不是地位的象征。
一味地付出也是一种病症。

日程过满会导致压力过剩、精力不足，
学会反思和适当放松是最重要的。

无所事事并非虚度光阴，
这是对幸福的一种投资啊！

三月 MARCH

3月1/2日　周六/日

我们常感觉短期任务微不足道，
当把它们置于更大的目标之中，就会看见它们的意义。

长远目标乍看起来难以实现，
将其分割成更小的部分就会变得更易把控。

放大远望皆是进展，
缩小细观都是目标。

日 有 所 思

3月3日　周一

保持常规,维持创造力,
打破常规,造就创造力。

看不同的书,见不同的人,在不同的地方工作,
都会带来全新的点子。

稳定性能够确保事情办完,
多样性才能保证事情办好。

三月

3月4日　周二

拒绝反馈意味着选择安逸，放弃成长，
保持沉默亦是在拒绝学习的机会。

担心反馈给对方带来伤害，
说明彼此间还未建立信任。

在健康的人际关系中，
坦诚亦是关心的表现。

3月5日　周三

改变主意并非抛弃原则,
也可能是学到了新东西。

与其因为坚持立场而放弃正直性,
不如在必要时改变立场,即便被他人指责伪善也无妨。

正直的标志是诚实,
而非恒常不变。

三月

3月6日　周四

想把读过的内容牢记于心，
不需要反复阅读或做重点标记。
休息十分钟，回来做好总结，
再将整理的内容转述给别人。

暂停，自我消化，转述给他人，
这是学习的最佳方法。
休息回来之后回忆内容会使你记得更牢，
将内容解释给他人会加深你自己的理解。

3月7日　周五

要改变一个人的价值观并非易事，
诉诸其已有的价值观会比较容易。

一味推行自己的原则会惹人反感，
交流彼此的原则会让人敞开心扉。

要想鼓励一个人，
就得了解和关心那个人最珍视的事情。

三月

3月8/9日　周六/日

男人说话果断,
人们会觉得：啊,他好自信!
女人说话果断,
人们却嗤之以鼻：她就是个泼妇!

为了保护男人脆弱的自尊心,
女人不得不驯服自己的舌头,
这实在是过于离谱。

挑战刻板印象的女性何罪之有,
人人都应向刻板印象发起挑战。

日 有 所 思

3月10日　周一

幻想：

"如果能成为……我该多么快乐。"

"那是我唯一的机会……"

现实：生活事件和个人选择都是一个复杂系统。

等价性：不同道路可能通往同一个终点。

多重性：同一起点也许指向不同的结局。

三月

3月11日　周二

一个人值得成为榜样的标志：

· 鼓励独立思考，而非强加自己的想法；

· 期望遇到更多老师，而非招收更多徒弟；

· 勇于承认自己的错误，而非固执己见。

日 有 所 思

3月12日　周三

过度思考是个问题，
考虑不周问题更大。

我同情那些陷入思考瓶颈期的人，
也为不思考、不分析问题的人感到担忧。

接受自我怀疑带来的内心不适，
总比在过度自信中懊悔度日好。

三月

3月13日　周四

让他人免受自己遭遇过的苦难，
是承担责任的基本表现之一。

好的父母不会把自己童年的包袱甩给孩子，
好的领导和教练不会让自己遭受的虐待延续下去。

过去经受的悲惨经历，
可用全新的方式诠释。

日 有 所 思

3月14日　周五

冒名顶替综合征并非一种疾病。
它是一种自然反应,
用以内化难以企及的高标准。

怀疑自己并不意味着失败。
这是迎接新挑战、学习新东西的起点。

对自己本领的二次怀疑是成长的开端。

三月

3月15/16日　周六/日

比起同情和共鸣,
这个世界更需要同理心。

同情：我为你遭受的痛苦感到难过。
共鸣：我能体会你的痛苦。
同理心：我会尽我所能减轻你的痛苦。

你不需要感同身受他人的感受,
关心他人的感受更为重要。

日 有 所 思

3月17日　周一

承认运气对成功至关重要,
并不意味着我们不配获得成功,
只是意味着很多人同样值得成功,
只可惜没有我们幸运。

我们要敞开胸怀,
拥抱不幸之人。

三月

3月18日　周二

女性坚持自我就会受到惩罚。

51项研究表明：女性为自己争取权益，
会因显得自私和咄咄逼人遭到群体反对。

为他人争取权益的女性，
反而被视为极有爱心。

我多么希望能够生活在一个
支持女性为自己发声的世界。

日 有 所 思

3月19日　周三

乐观并不意味着只看到事物好的一面，
而是不放弃对希望的追寻。

如果看不见可能性，
问题就得不到解决。
如果你想象不出最好的情况，
事情就难以变得更好。

脚踏实地的希望，
是消除恐惧最好的解药。

三月

3月20日　周四

好的道歉不只为错误表示悔恨,
也为以后会做到更好表明决心。

要修复一段关系,
光承认错误是不够的,
还必须不再重复犯错。

信任会因行动的改变而重新建立。

日 有 所 思

3月21日　周五

日常交往中，情商高的一大表现是：
不再直接说"你让我感觉……"，
而是说"当你……时，我是这样反应的"。

我们的情绪并不会受他人行为影响而直接外显，
而是在解读他人行为意图过程中进行部分过滤。

责怪他人是在转让自己情感控制的权力。
挑起情绪管理这一重任能赋予我们力量。

三月

3月22/23日　周六/日

如果想让孩子爱上阅读，光家里堆满书远远不够，得让阅读成为生活的一部分。
- 让孩子看到自己经常在阅读；
- 吃饭、乘车的时候谈论书籍；
- 参观图书馆或逛书店；
- 把书作为一种礼物。

日 有 所 思

3月24日　周一

拖延不是偷懒。
拖延任务不是为了逃避工作,
而是不愿面对不愉快的情绪——
自我怀疑、无聊、困惑、沮丧。

逃避的任务并不总是自己讨厌的,
有时是自己害怕的——
而你害怕的正是最值得你追求的。

三月

3月25日　周二

当我们不再赞颂好奇心,
创造力便慢慢开始消亡。

奖励学生回答了正确答案,
而不是提出了一个好问题。
提拔管理者取得了成果,
而不是想出了全新见解。

伟大发明需要想象力。

日 有 所 思

3月26日　周三

一群人在一起头脑风暴，
便会与好点子失之交臂。

从众压力、嘈杂环境、自我威胁，
都让人们在群体中选择缄默不语。

群体智慧始于个人创造。

三月

3月27日　周四

不要将关注与钦佩混为一谈,
受到关注并不等于得到尊重。

不要错把知名度当赞赏。
知道你是谁,
并不意味着欣赏你的一言一行。

分享的目的不在于吸引追随者,
而是下决心做出一番贡献。

日 有 所 思

3月28日　周五

有害的积极会带来负面情绪。
承认内心挣扎让人感到羞耻。

健康的支持包容糟糕感受，
宣泄痛苦能让自己被看见。

同情不是教别人切换怎样的心情，
而是给对方空间诉说以表达关心。

三月

3月29/30日　周六/日

害怕别人窃取自己的想法,
通常就不会有太多好点子。

创意纵可无限,
执行甚为稀缺。

占据上风的不一定是好点子,
强有力的执行才可大放异彩。

日 有 所 思

3月31日　周一

愤怒通常被视为一种非理性情绪，
但它并非源自缺乏逻辑，
而是因受到威胁或伤害。

重要东西受到威胁，
心底自然感到愤怒。

愤怒情绪是一面棱镜，
能折射内心珍视之物。

四月　APRIL

4月1日　周二

学会嘲笑自己犯下的错误,
是向错误学习最好的办法。

嘲笑不仅仅是为手脚松绑,
还能让自己不再感到羞愧,
任"过去的你"逗乐自己。

状态越快从"哎"切换至"哈哈",
下次你就越能更及时地避免犯错。

日 有 所 思

4月2日　周三

没有意见并不代表无知或冷漠,
这通常意味着心态开放。

问题越复杂、影响越大,
就越需要批判性思维参与决断。

学习的一个良好习惯是:
收集信息但不妄下结论。

四月

4月3日　周四

直截了当的诚实,
并非消极攻击行为的解药。
毫无顾忌的坦率实为鲁莽。

良好的沟通既直接传递信息,
也真诚表达善意。

比起掩盖真相,
施以援手才是目的所在。

日 有 所 思

4月4日　周五

幸福不是把开心值拉满，
而是要提高快乐的频率。

人生就像过山车般起起伏伏，
失落常有，高潮罕见又短暂。

品味日常里点滴生活乐趣，
会带来源源不断的满足感。

四月

4月5/6日　周六/日

仅仅盯着空白屏幕,
很难突破写作瓶颈。

最好是出去走走,
给朋友打个电话,
或大声自言自语。

默默思考往往带来碎片式感受,
行动和交谈帮助我们激发灵感。

日 有 所 思

4月7日　周一

企业家、电影人、艺术家、科学家，
他们都在不断发明创造。
是什么让他们与众不同？

他们一直在不断重塑自我。

他们不怕尝试：总是在解决新问题，
尝试新技能，与新的伙伴进行合作，
在全新的文化环境中工作。

四月

4月8日　周二

你有权解释自己的意图,
但最终结果由他人判断。

公平、忠诚,或者乐于助人,
你不能光说自己有这些品质,
你能做的只有努力践行自身价值观。

美德不依靠言语来宣扬,
而是需要行动加以证明。

日 有 所 思

4月9日　周三

世界需要更多的理性，
而不是为自己找借口。

有了主意再去寻找理由，
这是找借口。

决定之前寻求最佳逻辑和数据，
并随时准备好改变想法，
则是保持理性的体现。

四 月

4月10日　周四

看见别人的坚韧比发现自己的更容易。

我们只看到别人的外在力量,
而忽视了其内心的苦痛挣扎,
因而常常会低估自己。

人人都有怀疑自己的时候,
质疑自己的决心并非软弱,
而是人之所以为人的坚韧。

日 有 所 思

4月11日　周五

父母试图在谈话中传授价值观，
但孩子们通过观察学习到的更多。

无论父母说什么，
孩子都会观察父母的行为，
由此来判断什么是重要的。
父母关注的就是父母珍视的。

要想成为一个好的榜样，
需要管理自己的关注点。

四月

4月12/13日　周六/日

不能坦诚相待的情谊好比字谜。

越值得维系的关系,
就越值得好好经营。

一段健康的关系中,
不求万事做到完美,
只求努力做到更好。

日 有 所 思

4月14日　周一

我们会高估和善有礼之人，
也常常低估粗鲁直率之辈。

对于后者，如果了解对方的立场，
就无须置疑其诚实与否。

这种直率今天会让我们不舒服，
但却能让我们在未来变得更好。

四月

4月15日　周二

实现目标不在于提高工作效率,
而在于更有选择地履行承诺。

未来有更多的空闲时间只是一种幻觉,
你还是那么忙,只是在忙新的优先事项。

如果不是热情的"是",那就是"不"。

日 有 所 思

4月16日　周三

针对某一特定事件,
说不清楚自己支持哪方观点,
这便是不安全感的根源所在。

得到反馈或建议时,不妨问一句:
针对当前话题,你尊重这个人的意见吗?

如果他们无法赢得你的尊重,
你就更加没有资格贬低自己。

四月

4月17日　周四

团队中高位者的言行举止，
体现着其背后的文化生态。

压迫型文化生态中，
团队长者积累知识和荣誉，
踩着别人的头颅步步高升。

奉献型文化生态中，
团队智者分享观点和想法，
提升自己亦是在提携他人。

日 有 所 思

4月18日　周五

"软技能"的讽刺之处在于，
它们往往是最难掌握的。

领导、沟通、合作的能力，
创造性、适应性，
这些都无关技术，却越来越重要。

正是行为、社交、情感方面的技能，
让"人"变得不可或缺。

四月

4月19/20日　周六/日

简短的内容能吸引眼球,
带来即时满足感的同时,
亦是在牺牲持久的精神充实。

看一连串的短视频,
都无法比拟电影带来的沉浸感。

读一连串的帖子、博文,
都不如阅读一本好书。

长内容万岁。

日 有 所 思

4月21日 周一

勤奋工作并非好人的标志。

人品由个人道德决定,
而非由职业道德评判。

在工作中无论使出了多大的劲儿,
为团队做出了何等的牺牲与奉献,
都不是最终的决定因素。
在人际关系中展现的慷慨与正直,
才会赢得所有人的信任。

四月

4月22日　周二

给予建议的基本原则：

不要只说"这些方法都曾帮助过我"，
试着问别人"以前哪些方法对你有帮助"。

反思能让人明确从过去的经历中学到的教训，
总结经验教训，增强信心，
以走出当前的逆境。

日 有 所 思

4月23日　周三

想法如果必须简化后才能解释清楚,
那便是没有给听众足够的信任。

想法不被理解,
极有可能是自己没有解释清楚。

沟通是为清晰阐述,
而不是要剥茧抽丝。

四月

4月24日　周四

日常生活中，受重视好过被需要。

被需要会让别人产生依赖，
自己则要肩负更多的责任。
怕人失望令你担忧和愧疚。

受重视会拥有更多的自主权，
人们感激你伸出援手的同时，
依旧自力更生走自己的道路。

日 有 所 思

4月25日　周五

尽管老友重逢让人觉得紧张，
但90%的人终会发现其中的乐趣。

老熟人通常有更多新奇的想法，
能够给出更加实用的建议。
因为他们不断认识新朋友，学习新知识。

四月

4月26/27日　周六/日

诚实不仅是关乎道德的决定,
更是一种积极选择。

实验表明:保持10周不说谎,
能建立更牢固的关系纽带,促进心理健康。
诚实能够带来意想不到的快乐和联结。

谎言侵蚀信任。
说真话的人更值得信赖。
坦诚能够促进亲密关系。

日 有 所 思

4月28日　周一

倦怠并非因为缺乏动力，
而是源自能力不足。

每天都有许多有趣的人和事。
关键不在于你内心是否感兴趣，
而在于你身心是否有空间接纳。

无限的热情，
有限的光阴。

四月

4月29日　周二

世界对夜猫子来说并不公平。

尽管他们像百灵鸟一样聪敏,
在学校得到的成绩却不理想,
仅在下午和晚上的课堂表现优异。

工作上,尽管他们与别人工时相同、付出对等,
却会因晚到而受到惩罚。

我们应当允许人们,
选择在最有活力的时候奋斗。

日 有 所 思

4月30日 周三

一天的生产力,
取决于你的工作时间。

一年的生产力,
取决于你的思维质量。

整个职业生涯的生产力,
取决于你的学习质量。

五月　MAY

5月1日　周四

慷慨是最好的抗焦虑疗法之一。

帮助他人能让我们感受到被重视，
肯定自己的能力，从而减轻自身压力。

帮助别人解决问题亦是在汲取智慧，
以激励自己应对未来的挑战。

日 有 所 思

5月2日　周五

如果你只把成功局限在
获取财富、成就，或影响力，
失去的常常会是自由。

人生最伟大的成就之一，
便是有权选择以怎样的方式过一生。

任何形式的货币都没有自主权来得珍贵。

五月

5月3/4日　周六/日

没有哪条道德准则会要求我们
必须读完每一本书。

放弃并非承认失败，
而是意识到时间的有限，
毕竟很多书都值得一读。

如果从书中学不到任何东西，
甚至体会不到读书时的乐趣，
也许就该去尝试一些新东西。

日 有 所 思

5月5日　周一

拒绝道歉并非坚强，
而是一种自恋表现。

"如果……，我向你道歉"不是道歉，
而是在怀疑自己是否做错了。

"因为……，我向你道歉"才是真诚的道歉，
真诚的道歉为自己的行为负责。

五月

5月6日　周二

他人忍受痛苦时,
害怕越界的我们往往会压抑自己的同情心。

尽可能地去付出,哪怕有风险,
也好过让人感受不到关心与支持的冷漠。

犹豫不决的时候,
要坚定地同善良站在一边。

日 有 所 思

5月7日　周三

公司里存在"有害的人气员工",
反映的不仅是文化问题,
还有不完善的奖惩制度。

健康的组织架构中,
人与人之间的相互影响
涉及薪酬、绩效,以及职位晋升。

愚笨的人是不会成功的。

五月

5月8日　周四

收到自己不喜欢的反馈时,
最理想的方式不是忽视它,
而是寻找更多的观察视角。

每个人的反馈都代表一种观点,
相同的观点便会形成一种模式。

在嘈杂中寻找反复出现的信号,
会给人带来暴风式的成长。

日 有 所 思

5月9日　周五

职业生涯的心路历程：

1.我不重要；

2.我很重要；

3.我要做重要的事情。

越早进入第三阶段，

越能获得更大的成功，

拥有更为广泛的影响力。

五月

5月10/11日　周六/日

捅破天花板是打破常规的路径之一。

企业提拔女性领导人,
女性就更有可能被视为能力者,
不再被刻板弱者形象束缚手脚。

我们需要用实际行动赋予女性权利。

日 有 所 思

5月12日　周一

思考得快而肤浅的人，
我们对其言论总深信不疑，
思考得慢而深刻的人，
我们对其见解却置之不理。

快速思考的能力给人聪明的假象，
但这并不意味着让人信服的智慧。

五月

5月13日　周二

不太关心别人的想法，
会显得自己不顾及他人感受。
过于关心别人的想法，
又会显得自己多少有些虚伪。

既有自知之明又真诚的人，
视自己的名誉为一面镜子。

这些人每天都会照镜子，
但不会一天到晚盯着镜子看。

日 有 所 思

5月14日　周三

脆弱并非与坚韧对立,
有时也能够造就韧劲。

追求完美尽管保护自尊心,
但同时也拒人于千里之外,
阻碍个人成长。

吐露自己内心的挣扎,
谦虚和人性光辉尽显。
新事物的大门就此打开,
带来无限的支持和力量。

五月

5月15日　周四

雄心勃勃的目标能提高成功概率，
但同时也增加了不慎失败的风险。

将目标加以细分，
设定理想化上限，
预期可接受下限。

尽管没有实现理想化的目标，
只要结果在可接受范围以内，
就不算失败。

日 有 所 思

5月16日　周五

休息不是浪费时间，
而是对幸福的投资。

放松并非懒惰，
而是在汲取能量。

短暂休息未必会让人分散注意力，
反倒是重新集中注意力的好机会。

游戏并非毫无价值，
它能建立联结，激发创造力。

五月

5月17/18日　周六/日

远观，才华固然耀眼。
近看，品格更显珍贵。

技艺可以给人留下深刻的印象。
由衷赞赏比自己更优秀的事物，
更能赢得他人的信任。

没有比善待他人、正直做人
更伟大的成就了。

日 有 所 思

5月19日　周一

写作不是想法萌生后的一时兴起,
而是将粗糙想法加工成伟大洞见的过程。

将想法转化为文字,
推理变得更加敏锐。
头脑中模糊的东西在纸上跃然可见。

"我不是作家"不该成为拒绝写作的理由。
写作是思考的工具。

5月20日　周二

希望看见别人的优点,
并不意味着你天真,
这意味着你不愤世嫉俗。

承认别人的长处,
并非否认其缺点,
而是在揭示克服缺点的潜能。

拒绝看到别人好的一面,
也是在变相放弃向外界学习的可能性。

日 有 所 思

5月21日　周三

我们过于关注最自信、笃定的声音，
却很少关注到那些深思熟虑的人。

确定性不同于可信度，
自信地发声不代表深入思考。

以思想复杂的人为榜样，
胜过向口若悬河的人取经。

五月

5月22日　周四

再认同他人的想法也不该盲目听从，
有没有被对方的思维方式所折服才是关键。

忠诚是捍卫知识的坚定信念，
正直则会为有力的论据折服。

成长的关键在于愿意改变自己的想法。

日 有 所 思

5月23日　周五

满足他人的期待并非你的义务。

责任感源自内心做出的承诺。
关心他人是履行承诺的一部分。

期望是别人强行施加的压力。
是时候卸下别人的期许，
好好照顾自己了。

五月

5月24/25日　周六/日

无聊情绪不一定要避免，
有时是一种有益的状态。

无聊提醒我们要葆有好奇心，
去探索全新的世界，
提出有意思的问题。

终日忙碌尽管能扼杀无聊，
但它也有消极的一面：
充满惊喜的大门就此紧闭。

日 有 所 思

5月26日　周一

越想证明自己的地位，
就越不容易有安全感。

自视甚高很少能赢得尊重，
获得别人的认可更为重要。

真正值得钦佩的，
是那些不遗余力让别人被看见、善于倾听的人。

五月

5月27日　周二

只听得进自己想听的话，
代表心理并没有安全感。

终极目标并非安于舒适圈，
而是创造畅所欲言的环境。

心理安全始于承认自身错误，
并接受来自外界的一切声音。

日 有 所 思

5月28日　周三

狂看电视只能暂时逃避现状,
问题的症结仍难以彻底解决。

被动地沉迷虚拟世界,
不能获得持久的价值感、掌控感、参与感。

只有积极地投身真实世界,
不断创造、不断联结、不断贡献,
万事才能焕发蓬勃生机。

五月

5月29日　周四

对反馈的过度反应和错误反应,
令人难以从建设性建议中获益。

再有帮助的建议,
一旦触及自尊心,
人们便只会做出细微调整。

矫枉过正不失为最好的学习方法。
不适会带来新的成长。

日 有 所 思

5月30日　周五

两极分化看待问题的根源在于,
缺乏智力上的谦逊。
太多的人不愿承认自己也许是错的。

思想的多样性让人心胸开阔,
固执的信念紧闭交流的大门。

认识到自身知识体系并不完整,
是保持学习的先决条件。

五月

5月31日/6月1日　周六/日

判断力强并不表现在想法出来得有多快,
而是对想法有多坚定。

从毫无说服力的信息中得出的坚定信念,
能反映出来的也只有无知。

不固执地把持观点,随时更正,
才是真正体现了谦逊。

智慧以问号标记,
不曾以叹号收尾。

六月　JUNE

6月2日　周一

在弦一直紧绷着的文化里，
"抱歉，我回复得晚了"是一种病症，
代表对自己不切实际的要求。

如果你并未对回复时间做出承诺，
就收起内疚，不要道歉。
你的回复哪里算晚呢?

"谢谢你耐心地等待"是更积极的回应，
饱含对合理期待的感激之情。

日 有 所 思

6月3日　周二

自我关照并非与同理心对立,
自我关照的反面是自我忽视。

自我忽视是牺牲自己,服务他人,
自我关照则确保帮助他人不会伤害自己。

设定边界并不意味着以自己为中心,
其目的是保护自己。

六月

6月4日　周三

冒名顶替综合征是一个悖论：

- 别人相信你；
- 你不相信你自己；
- 你相信别人胜过相信自己。

不相信自己亦是在怀疑自己的判断。

很多人都相信你的时候，
你就该相信他们的判断。

6月5日　周四

稳定的世界往往靠数据驱动，
变化的世界常常有数据流通。

数据可以揭示过去的发展模式，
我们借判断力预测其未来演变。

数据只是一种参考。
不应用来左右决策。

6月6日　周五

地位越高,

自身成就便更多依赖于他人成就。

追随者所获得的成功,

是衡量领导力的标准。

帮助个体完成更多遥不可及的事情,

帮助团队凝聚更多的力量齐心协力,

是领导力的一大体现。

日 有 所 思

6月7/8日　周六/日

失败常常滋生痛苦,
成功却鲜少带来幸福。

设定雄心勃勃的目标,
意义不在于体验欢乐,
而是追求个人成长,获得人生掌控感,
为他人创造有价值的东西。

卓越是为实现目标,
而非纯粹感受快乐。

六月

6月9日　周一

保留选择余地,
让人生充满无限可能性,
但结果也许会颗粒无收。

总是在观望的人,
不如放下些执念,
对意义不再执着。

日 有 所 思

6月10日　周二

每个孩子都要意识到，
谦卑和善良并非软弱，
而是内心强大的体现。

认识自己的不足并非舍弃尊严，
而是表明你有自我意识。

施予同情并不是缺乏傲骨，
同情背后有一颗滚烫的心。

六月

6月11日　周三

运动可以减少抑郁和焦虑。

1000多个对照实验表明：
无论有无临床症状，
活动身体都有益于心理健康。

运动虽不是灵丹妙药，
也不可代替特定的疗法，
但良好的身体状态有益于心理健康。

日 有 所 思

6月12日　周四

建立牢固关系不是减少争吵，
而是进行更有建设性的交流。

目标不是就所有问题达成共识，
也不是大肆宣扬自己的价值观。

理解每个人的观点，
尊重每个人的价值观，
才是最重要的。

六月

6月13日　周五

"我就是这样的人了",
这样说会让人错过成长的机会。

性格仅是底色,并非枷锁。
思维方式、情感体验、言行举止,
在任何人身上都不设限。

能成为怎样的人与个人特质无关,
取决于自身如何与这些特质相处。

日 有 所 思

6月14/15日　周六/日

长假很少能彻底消除疲惫，
通常只能带来暂时性舒缓。

休假频率比单次休假时长更为重要，
两段为期一周的休假好过连休两周。

规律的休息对健康至关重要。

六月

6月16日　周一

最近我对一个朋友说：
"你赚了一个假期！"
不久我便意识到，
假期不该说是"赚"来的。

放松也好，纵享人生也好，
这些都是努力工作应得的。
休假不是精疲力竭后的战利品。

日 有 所 思

6月17日　周二

专业不是不犯错误,
而是错误越来越少。

能够排除错误的或有缺陷的理论的信息,
进而更接近真理,
是理解力强的一大表现。

学习是一门摒弃错误观点的艺术。

六月

6月18日　周三

在谈判中，沉默是金。

但沉默不是一种示威，
逼迫对方放弃自己的观点。

相反，它给人自我反思的机会，
能够为自身创造价值。

停顿带来更多机会把蛋糕做大，
进而找到双赢的解决方案。

日 有 所 思

6月19日　周四

认知失调的情况下保持冷静,
是生活中最重要的技能之一。

极力捍卫自己的信仰和行为,
的确能在当下保护我们免受伤害,
但同时也阻碍了我们未来的发展。

六月

6月20日　周五

首次尝试没有成功,
何尝不是一种幸运。

不费吹灰之力获得的卓越,
好比糟糕的老师、善变的朋友。

辉煌伟大的成就始于奋斗,
那是刻苦付出得来的收获。

经由刻苦练习,
成功变得更有滋味,更胜券在握。

日 有 所 思

6月21/22日　周六/日

悲观主义者：杯子一半是空的！

乐观主义者：杯子满了一半！

积极主动的人：你看，杯子是满的。
当你们还在争论不休的时候，
我已经把杯子倒满了。

六月

6月23日　周一

设定边界不是不尊重他人，
是自尊的一种体现。

在不健康的关系中，
人们无法接受否定答案，
自认有权忽视他人边界。

在健康的关系中，
人们不仅接受你设定的边界，
还会帮助你一同维护。

日 有 所 思

6月24日　周二

改变主意不代表不坚定,
而是表明你一直在学习。

事物变化得越快,
数据更新就越快。
我们知道得越多,
信息淘汰得越快。

观点如橡皮筋般富有弹性,
绝不会一成不变。

6月25日　周三

害羞不意味着内向。

害羞源于对负面评价的恐惧,
不愿陷入令自己尴尬的处境,
不想让别人对自己品头论足。

内向的人安静寡言,
尽可能地避免互动,
不让身心精疲力竭。

日 有 所 思

6月26日　周四

拖延大多源自动力暂时不足，
等待着内心再一次受到鼓舞。

拖延者不曾想到的是，
重新开始能带回斗志。

激情往往是进步的结果，
而不是进步的先决条件。

六月

6月27日　周五

人们比预想得更乐于助人。

我们常常高估施助者的不便之处,
却又低估了他们所获得的价值感。

耐心询问并不总是一种负担,
而是一个帮助他人重获存在感的机会。

寻求帮助亦是在传递信任。

日 有 所 思

6月28/29日　周六/日

太多人只有在沮丧不已、疲惫不堪的时候，
才会想要做出改变，寻求帮助。

心理健康不该位于次要地位，
好习惯不能只在需要时想起。

心理卫生当像口腔健康一样，
根植于我们的日常生活习惯。

六月

6月30日　周一

责备和羞辱对减少犯错毫无益处，
只会让人愈发不敢承认错误。

无法直面自己的错误，
就不能从错误中成长，
对任何人来说都一样。

给别人安全的讨论空间，
是避免犯错最好的方法，

七月 JULY

7月1日　周二

跟我念：
良好的沟通源自重复。

领导人因缺乏沟通挨批的次数，
是因过度沟通挨批的9倍。
那些不怎么说话的人，
往往给人留下模糊、冷漠的印象。

厌倦信息的时候，
最应该把握机会。

日 有 所 思

7月2日　周三

公司的价值主张大多只是空洞的承诺，
缺乏与工作经验之间的联系。

幕前的浮华不必太在意。

人们的一言一行，
受到的惩罚奖赏，
都反映着背后的文化。

七月

7月3日　周四

人在情绪低落时，
并不想听到"振作起来"。
被动的积极无益于缓解情绪。

情绪低落的人，
并不想知道该切换怎样的心情，
只希望自己的感受能得到理解。

情绪低落的人，
并不总是期待别人鼓励自己，
有时能被理解就足够了。

日 有 所 思

7月4日　周五

地位、权力、财富,
都不是衡量成功的重要标准。
拥有多少自由,能支配多少自由,
才是衡量成功最重要的标准,

以何种方式过一生,
分享自己哪些想法,
这都是自己拥有的权利。
帮助他人争取这些权利则是一种责任。

七月

7月5/6日　周六/日

建立个人品牌花费的时间，
倒不如用来投资人际关系。

产品需要品牌加持，
人依赖关系和声誉。

真实并非迎合大众虚造形象，
而是保持行动与价值观一致。

日 有 所 思

7月7日　周一

生产力往往会被高估。
重要的是质量而非数量。

人们可能会对数量印象深刻，
但影响力取决于创造的价值。

成功并不在于完成多少事情。
而是要把更多有价值的事情做好。

七月

7月8日　周二

面对冲突，
如果人们不喜欢你的解决方案，
他们往往是在忽视问题的核心。

解决问题之前，
就问题核心达成一致非常重要。

即使最后没有找到解决方案，
在诊断问题的过程中，
达成共识的能力也得以提高。

日 有 所 思

7月9日　周三

忠心于一位领导,
就得想想什么会让自己撤回支持。

如果找不到答案,
忠诚就并不牢靠。
忠诚依附于原则,
而非指向具体的人。

没有哪位领导值得无条件的爱,
兑现承诺需要优良的个人品质。

七月

7月10日　周四

从别人取得的成就中，
你能看见付出的艰辛。

在别人做出的牺牲里，
你开始了解他们是谁。

选择将时间花在哪里，
从侧面反映了内驱力。
甘愿放弃哪些事情，
往往会揭示出什么对你来说才是最重要的。

日 有 所 思

7月11日　周五

在人际关系中，
不停给嘎吱作响的轮子涂润滑剂，
并不是健康的相处模式。

对于那些容易生气、焦虑的人，
给予他们安抚会造成权力失衡。

决定不该由一个人的情绪说了算，
而是应该由共同的价值观来引导。

七月

7月12/13日　周六/日

人不能一直走在一条车道,
这会限制视野的开阔程度。

每个人都应检查自己的视线盲区,
以躲避迎面而来的车辆。
突然的转向会引发事故。

一味走单向道会让人停滞不前,
谨慎地变换路线才会带来成长。

日 有 所 思

7月14日　周一

不满意意味着事情可以变得更好,
智慧有时也会令局面变得更糟糕。

"要是……就好了"为做错的事情懊悔,
"至少……"对没有出错的地方心怀感激。

幸福的关键在于
花更多时间感恩拥有的一切,
而不是哀叹缺失的那一部分。

七月

7月15日　周二

对方不同意自己的观点,
置之不理是错误的做法。
挑战的声音会让思维更加敏锐。

让人拒绝倾听的不是争议,
而是源自心底的不尊重。

摆脱心魔,深思熟虑,
这样才能保持心态开放。

日 有 所 思

7月16日　周三

判断失误并非品格缺陷。

未能遵守原则的事情时有发生。
谦逊在于你能多快认识到自己的错误，
正直在于你会多努力去纠正它。

七月

7月17日　周四

富有成效的辩论，
并非成功说服，而是带来新见解。

在良性的争论里，
对学习的渴望并不比说服来得少。

能让参与其中的人加深对问题的理解，
拓宽知识领域，升华思想境界，
这便是属于你的胜利时刻。

日 有 所 思

7月18日　周五

许多成功人士依旧不快乐的原因之一
是期望膨胀的速度超过取得成就的速度。

志存高远，降低期待值，
成功才最令人感到满意。

设定雄心勃勃的目标是前提，
但不将实现目标视为理所当然。

七月

7月19/20日　周六/日

好的导师分享自己的经验教训，
伟大的导师帮助你总结自己的经历。

好的导师给出有用的答案，
伟大的导师引导你提出更好的问题。

好的导师带你走他们走过的路，
伟大的导师指引你活出自己的人生。

日 有 所 思

7月21日　周一

确定工作之前，不妨问一问自己：
我想成为这样的人吗？

人可以有野心改变某一群体的文化，
但不可忽视文化给自己带来的影响。

鲜少有人能免受周围价值观的影响。

七月

7月22日　周二

包容别人的弱点，
不意味着抵制改变，
只是不会对保持常态感到惊讶。

调整自己的预期但不降低期待，
挥手作别沮丧但不要放弃希望。

日 有 所 思

7月23日　周三

整顿职场不良风气并非你的责任。

如果高层领导没有决心做出改变，
保持理智最好的办法便是，
支持自己团队的同时保护好自己。

守护自己的幸福和职业，
保护自己在乎的人，
才是你的职责所在。

七月

7月24日　周四

当别人不同意你的想法时，记住：
如果连你自己都不坚定维护自己的观点，
那么站在你对立面的极有可能就是自己。

当自己的观点与别人雷同时，
57%的人会放弃自己的坚持。

看待自己的观点和别人的观点，
需要坚持同一推断标准，
这是批判性思维的一大体现。

日 有 所 思

7月25日　周五

父母总说希望自己的孩子有爱心,
但最后却都更加关注孩子的成就。

内心善良的孩子,
无论是在学校还是职场,
都会取得更多的成功,也更快乐。

我们不应该只关注孩子的成就,
还应该关心他们帮助了谁,
有谁在他们背后给予支持。

七月

7月26/27日　周六/日

周末应该是欢庆的时刻,
不该只用来恢复精力。

职场倦怠一周就能把人榨干,
让人不得不在周末给身心充电。
健康的文化每天都有空间让人补充能量。

持续消耗人能量的地方,
不会顾及任何人的幸福。

日 有 所 思

7月28日　周一

普通领导找理由反对，
好的领导找理由支持。

普通领导发号施令，要求忠诚，
好的领导指引方向，承担责任。

普通领导希望自己成为团队核心人物，
好的领导让每个人都觉得自己很重要。

七月

7月29日　周二

发现自己错了不是在质疑你的智商,
也不会挫伤自尊心。
这意味着你学到了新东西。

鲜少有人会喜欢承认错误,
但从错误中寻找乐趣,
有助于保持心态开放。

日 有 所 思

7月30日　周三

保持专业素养并非压抑情绪，
而是在表达情绪时，
遵循尊重和技巧的标准。

愤怒、恐惧、悲伤，
再专业的人都会受这些情绪困扰，
只是他们不会让自己受到影响，
依旧保持礼貌，保有竞争力。

七月

7月31日　周四

坚韧并非对疼痛免疫,
而是有足够的力量与压力对抗。

当下的困难不必一一克服,
未来的自己会有能力解决。

今天看来非常沉重的负担,
明天或许会变得轻松许多。

八月　AUGUST

8月1日　周五

做人生重大决定时,
除了要问自己选择什么会感到快乐,
还要考虑自己的选择能否带来成长。

我们鲜少知道五年后什么会使自己快乐,
但我们能够分辨哪条路上收获多于阻碍。

日 有 所 思

8月2/3日　周六/日

不能强迫每个人都信奉乐观主义。
世界也需要悲观主义者。

悲观主义者就像煤矿中金丝雀发出危险警告,
就像卡珊德拉[1]能够预见灾难。

乐观主义者能够快速解决问题,
悲观主义者能够提前发现问题。

---

[1]　卡珊德拉是古希腊神话中的人物,她是特洛伊的公主,因阿波罗的赐予而具有预言能力。——编者注

八月

8月4日　周一

对反馈意见耿耿于怀并没有错,
这说明你对收到的反馈很重视。

生气并不意味着软弱或心理防御,
这是你关心他人的表现。

把握平衡的关键在于,
要确保自尊心不会阻碍个人成长。

日 有 所 思

8月5日　周二

索取者嫉妒他人的成功，
给予者欣喜他人的成功。

索取者独占功劳，逃避责任。
给予者分享荣誉，承担责任。

索取者锦上添花。
给予者雪中送炭。

索取者认为善良是软弱的表现，
给予者认为善良是力量的源泉。

八月

8月6日　周三

许多"最佳实践"只存在于幻想世界。

面对变化,曾推动你前进的惯例,
往往会成为阻碍你前进的沟壑。

没有所谓完美的实践。
不再自我提升意味着开始停滞不前。

日 有 所 思

8月7日　周四

在压榨的职场文化中,
为工作做出牺牲的多寡是评价标准。
业余爱好、假期,甚至家庭时间,
都被视为应受惩罚的分心之物。

在健康的职场文化中,
是否信守承诺才是评价标准,
工作之外的兴趣被视为值得庆贺的激情。

八月

8月8日　周五

基于经济保障考量而接受一份工作,
这是一种负责任的选择,而非自私的决定。

养家糊口是关爱家人的体现,
缓解焦虑是关爱自我的方式。

不该为优先稳定性而感到内疚,
稳定性是幸福的基础。

日 有 所 思

8月9/10日　周六/日

找寻自我最好的方法，
不是向内看，向内看自己，
而是向外看，向外看自己崇拜的人。

榜样能帮助你确定自身价值观，
帮助你思考想成为什么样的人。

为自己多尝试不同的可能性，
是通往真实人生的一大途径。

八月

8月11日　周一

说"不"并不是想让别人感到失望,
而是为自己挺身而出。

设定边界并非不尊重他人,
这是自我尊重的一种表现。

谁都不能给你设限。
别人有权提出要求,
但保护自己是你的首要责任。

日 有 所 思

8月12日　周二

小时候被要求保持沉默的孩子，
长大之后就会隐藏自己的痛苦。

看起来镇定自若，
并不意味着内心没有受到伤害。
他们可能不愿强迫别人，
不愿表现出脆弱的一面。

表现在脸上的情绪，
往往掩盖着内心的痛苦。

八月

8月13日　周三

领导力第一法则：
将使命置于自我之上。

领导力第二法则：
如果你不关心自己的下属，
他们也不会在乎你的使命。

领导力第三法则：
如果有人不得不提醒你前两条规则，
就说明你还没有做好当领导的准备。

日 有 所 思

8月14日　周四

自我怀疑并不总是意味着你缺乏自信，
而有可能是你在细微之处看到了差别。

存在确定性有时意味着缺乏复杂性。
坚定的信念会让人难以慎重地考虑。

试探性发言的人往往进行着最深刻的反思。

八月

8月15日　周五

减少使用智能手机，
比当即戒断更有利于健康。

每天减少使用手机一小时，
四个月后便会变得更快乐，
抑郁和焦虑情绪也会减少，
生活方式也会越来越健康。

数字节制胜过数字禁欲。

日 有 所 思

8月16/17日　周六/日

自责未必让人变得更强大,
有时甚至会让人伤痕累累。

善待自己不意味着忽视自身弱点,
而是允许自己从错误中吸取教训。

成长需要包容缺点,
而非在缺点中受尽折磨。

八月

8月18日　周一

与其争当最聪明的人,
不如做一屋子里最有智慧的人。

聪明的人摆弄学识来证明个人智商,
智慧的人能够将每个人的知识整合在一起。

聪明帮助个人推进私人议程,
智慧引导团队实现共同目标。

日 有 所 思

8月19日　周二

不自信的领导嘲笑他人，
自信的领导常常自嘲。

伟大的领导认真对待工作，
但绝不会把自己看得太重。

自嘲是谦逊的标志，
是向错误学习的催化剂。

八月

8月20日　周三

视闲暇时光为人生一大浪费,
这不利于身心健康。

认为休闲玩乐是在虚度光阴的人,
非但无法享受人生的乐趣,
还更容易焦虑、抑郁和紧张。

即便你不认为玩乐能提高效率,
也一定要记住:
效率并非生活的全部。

日 有 所 思

8月21日　周四

反复无常还是逐步成长，
这取决于你改变主意的动机。

反复无常是为了迎合某个群体的认可，

而逐步成长则是为了追求真理。

八月

8月22日　周五

等到万事俱备才去迎接新挑战，
可能最后压根都不会有所追求。

很少有人一觉醒来就信心满满，
认为自己做足了准备大干一场。

最大的遗憾不是失败，
而是没有尝试的勇气。

日 有 所 思

8月23/24日　周六/日

"我们一直都是这么做的",
这不是一个合理的借口,
不能用来解释所有事情。

尽管改变总会给生活带来不适,
但不要因安于现状而死守传统。

过去的一切是否能很好地服务于现在的你,
是否能指引你走向更加美好的未来,
这些都是你要时常思考的。

八月

8月25日　周一

接连不断的会议耗尽大脑能量,
我们需要时间进行休息和恢复。

即使是会议间隙10分钟的休息时间,
也足以减轻压力,提高专注度和参与度。

会议时间应控制在20分钟至50分钟之间,
而非默认的30分钟至60分钟。

日 有 所 思

8月26日　周二

许多争论之所以愈演愈烈,
并不是因为观点相左,
而是在于没有表现出对彼此的关心。

在冲突中,最重要的不是捍卫自己的立场,
而是要增进彼此的关系。

内心善良的人,
更容易接受不同的想法。

八月

8月27日　周三

崇尚快速应答的文化,
追求浅层回应,而非深刻反思。

不应把及时当作礼貌。
如果事情并不紧急,
过一周时间再回复并不失礼。

慢节奏的细致谨慎,
远好过草率的回应。

日 有 所 思

8月28日　周四

在人生重大决定上，
寻求建议并非为了得到答案，
而是为了从不同角度看问题。

除了你自己，
没有人知道哪种选择对你最好。
每个人都只能分享对自己有意义的东西。

最值得向自己发问的，
不是该做什么，而是可能会错过什么。

八月

8月29日　周五

愤世嫉俗者最可悲的一点，
就是否认人是可以改变的。

每个人都与十年前的自己不同，
想法、习惯和价值观也不一样。
没有人是一成不变的。

看到每个人的成长潜力，
是相互信任的重要前提。

日 有 所 思

8月30/31日　周六/日

幸福与取得的成就无关,
而由何种方式度日决定。

成功只能带来一时的快感,
幸福在于每天都能做快乐的事情。

总有新的山峰等着我们去攀登,
不必总把情绪寄托在登顶那一刻的快感。

九月

SEPTEMBER

9月1日　周一

说"这是个好观点",
并不会让人屈居下风,
而会给自己赢得信任。

承认他人观点的合理性是一种尊重,
表明自己在以开放的心态倾听,
并激励周围的人加以效仿。

不必追求所有事情都达成一致,
但需要在具体事情上意见统一。

日 有 所 思

9月2日　周二

好老师引入新思想。
优秀教师引入新的思维方式。

好老师关心自己教授的学科。
优秀教师关爱自己的学生。

好老师把所知道的一切教给学生。
优秀教师教会学生如何学习。

九月

9月3日　周三

性格在艰难困苦中铸就，
也可以由艰难困苦彰显。

正直的标志是，
即使在最困难的时候，
我们也始终坚持原则。

慷慨和感恩的标志是，
即使我们身处痛苦之中，
也时刻帮助和感激他人。

9月4日　周四

不必为了证明自己的价值,
强迫自己去做最聪明的人,
或争当团队中最努力的人。

你只需要比那些努力工作的人更加体贴,
比那些勤于思考的人更加可靠。

可靠且善于思考的人值得托付信任。

九月

9月5日　周五

不健康的人际关系充斥着焦虑和内疚，
让人时刻害怕自己的行为令他人失望。

健康的人际关系充满喜悦和感激，
这些感受源自对他人的点滴帮助。
卸下压力的重担，才能感受奉献的快乐。

日 有 所 思

9月6/7日　周六/日

越是胡说八道的人,
越容易上别人的当。

夸大自己的专业学识来打动他人,
更容易受到错误信息的影响。

连说话都不关心真相的人,
很难相信他能察觉到真相。

九月

9月8日　周一

即使心理自助类书籍能对个别读者有帮助，
这类书籍的作用也是有限的。

书籍是学习和反思的理想工具，
但如果没有反馈和支持，
行为改变是非常困难的。

阅读不是心理辅导或治疗的替代品。

日 有 所 思

9月9日　周二

强烈的情绪反应有助于解释行为，
但绝对不能成为不当行为的借口。

情感虽然不能时刻受控，
但你可以决定是否表达、何时表达以及如何表达。

情商的一个标志是：
会把情绪对他人的影响考虑在内。

九月

9月10日　周三

宏观管理比微观管理更为重要。

看到自己对团队的贡献,
拥有更宏大的工作目标,
都会激励人们奋发向上。

管理者最有意义的工作之一,
就是让他人的工作更有意义。

日 有 所 思

9月11日　周四

悲伤无法避免,
这是每个人都必须面对的现实。

忘记所爱之人并非应对之策,
我们要想方设法让记忆永存。

尊重过去足以表达内心的敬意。

九月

9月12日　周五

崇尚安于现状,
就不能指望别人做出改变。

在任何一段关系里,
你得到的往往是你重视的。

要时刻把握好自己的价值取向。

日 有 所 思

9月13/14日　周六/日

面对那些职位较高但自由度不高的工作机会，
务必三思而后行。

如果失去了管理时间和表达自我的权利，
赢得再多的赞誉和影响力也不值得一提。

幸福源自保持自由。
成功就是获得自由。

九月

9月15日　周一

在学习和生活中，
成功与否与其说取决于我们知道多少，
不如说取决于我们想学多少。

教育的目的不仅在于传授知识，
更重要的是培养好奇心。

内在动力源自好奇、探索，
以及对意义的追寻。

日 有 所 思

9月16日　周二

许多朋友都会记得你最喜欢的食物，
但真正的朋友会提醒你清理牙缝里的残渣。

让朋友不尴尬地意识到自己的盲区，
是朋友间互相关心的一种真情流露。

朋友间的坦诚是一种善举，
不存在什么背叛或者攻击。

九月

9月17日　周三

我们无法控制别人说什么话,
但我们可以决定自己的反应。

拒绝让他人控制自己的情绪,
是情商高的一大标志。

不妨问问自己:这个人有权影响我的情绪吗?
如果没有,则将接收到的一切原路退回。

日 有 所 思

9月18日　周四

不必抑制无聊情绪，
它能够帮助我们改变生活习惯，
勇敢追逐自己内心好奇的事物。

对什么都没有兴趣何尝不是一种暗示，
表明当下是时候去寻找更愉快的任务、
更有意义的项目，进行更深入的谈话。

九月

9月19日　周五

有人指出你工作中存在的问题时，
要倾听他们的意见，
但不要指望他们有好的解决方案。

离自己的想法太近，
你就难以发现其中的缺陷。

批评者离你的想法太远，
无法判断提出的建议是否受用。

日 有 所 思

9月20/21日　周六/日

压力重重、前途未卜时,
回顾过去或许有所帮助。

回忆艰辛岁月让人常怀感恩之心,
当下还不是最糟糕的。

回忆往昔高光时刻让人心生希望,
一切都会好起来的。

九月

9月22日　周一

自我认可不应阻碍自我完善。

自我接纳意味着不再为自己的弱点感到羞愧。
自我完善意味着努力克服自己的弱点。

肯定今天的自己足够好,
并不妨碍明天变得更好。

日 有 所 思

9月23日　周二

高情商的人视不愉快的情绪为自我学习的机会。

后悔是一场探讨如何做出更明智选择的研讨会。
内疚是学做正确事情的必修课。
无聊让人在实践活动中找心流。
焦虑让人学会做足准备再出发。

九月

9月24日　周三

不要把无所事事误认为懒惰。

休息放松不应带来内疚或羞愧，
不意味着你缺乏勇气或动力。
这是人拥有的一大权利。

当精神电池消耗殆尽时，
每个人都要给自己充电。

日 有 所 思

9月25日　周四

当你致力于实现一个目标时,
看看前方还有多远的路要走,
这会让你充满动力。
凝望山顶足以激活勇气。

当自我怀疑悄悄袭来时,
记得回头看看自己已经走了多远。
看到自己的进步会增强内心自信。

九月

9月26日　周五

事实并非永远不会改变人们的想法。
只是无法改变那些已成形的固有观念。

如果要坚决捍卫自己的观点,
你就会抵制数据以使自己的观点合理化。

如果把想法当作需要检验的预感,
你就会利用数据更新自己的观点。

日 有 所 思

9月27/28日　周六/日

坚韧不是对痛苦的抵抗。
而是在重压下百折不挠。

无视痛苦不会带来内在力量。
知道过去的自己曾受过伤害，
知道未来的自己将会痊愈，
都会给人带来力量。

人生并非一路坦途，
坚韧需要决心造就。

九月

9月29日　周一

礼貌不等于善良。

礼貌会让人们在当下感到舒服,
善良则让人们在未来有所成长。

在崇尚礼貌的文化中,
人们保留不同的意见和批评。
在崇尚善良的文化中,
人们以尊重为前提说出自己的想法。

日 有 所 思

9月30日　周二

意识到实现的目标根本不属于自己，
是最可悲的成功。

在短期内，追求他人的梦想能够赢得认可，
但从长远来看，这会让人后悔。

有意义的目标未必带来最大效益，
但一定需要符合自身价值观。

十月
OCTOBER

10月1日　周三

如果两个人总是意见一致，
那就说明其中至少有一个人没有直言不讳，
或者没有进行批判性思考。

意见出现分歧不一定是种威胁，
也可以是学习的机会。

智力方面产生的摩擦并不会影响一段关系，
这也是成长的必经之路。

日 有 所 思

10月2日　周四

观看YouTube视频虽然不利于提高效率,
但却能增强创造力。

一旦内心受到鼓舞,
短暂的拖延也不会妨碍你重新搭建问题的框架,
获得新的解决方案。

第一个想法鲜少会是最佳答案。

十月

10月3日　周五

当你清楚理解一个事物时,
你就能清楚地向别人解释。

即便是专家,也会对不必要的技术性语言望而却步。
标题和摘要中术语较多的论文被引用的次数往往较少。

如果单凭常用词汇也能理解内容,
不如放弃专业术语。

日 有 所 思

10月4/5日　周六/日

建立复原力并不意味着对痛苦免疫。
而是要认识到面对痛苦，
我们有坚持下去的力量。

强烈的情感感受能力，
使我们容易陷入绝望和悲伤，
同时也让我们充满爱和希望。

十月

10月6日　周一

值得广而告之的是：
不是所有不同意你观点的人，
都尽显愚蠢或邪恶。

即使你不喜欢他们的想法，
也可以从他们的思维方式中学到一些东西。

10月7日　周二

"我没有偏见"本质就是一种偏见：
只看到别人的思维缺陷，却对自身缺陷视而不见。
对此我们要保持警惕。

越是认为自己没有偏见，
就越难发现自己的不足。

如果说知识就是力量，
发现自身局限则是一种智慧。

十月

10月8日　周三

写作不仅能交流思想,
还能够让想法更清晰。

写作会暴露知识和逻辑方面的不足,
促使人们阐明假设并考虑反驳意见。

经常写作是提高思维敏锐度的最佳途径之一。

日 有 所 思

10月9日　周四

比较不会偷走快乐，
偷走快乐的是嫉妒。

怨恨别人的成功会滋生痛苦和恶性竞争。
欣赏别人取得的成就则带来动力和进步。

拿自己和别人进行比较难以避免。
成长和幸福的关键在于
将比较集中在那些激励我们的人身上。

十月

10月10日　周五

有多内向与有多喜欢与人交流之间,
不存在任何矛盾。

善于交际的内向者喜欢与人交往,
只不过往往负担过重。

害羞的外向者喜欢冒险,
但往往会避免受到关注。

日 有 所 思

10月11/12日　周六/日

勿将魄力与侵略混为一谈。

有魄力的人捍卫自身权益,
而侵略者破坏他人的利益。

坚持理想并不意味着你爱显摆,
反而会让你变得不再爱出风头。
这不是自私,而是一种自我保护。

十月

10月13日　周一

每位员工都是有价值的人,
不可将其视为可管理资源。

糟糕的管理者只关心结果,
优秀的管理者会关心员工生活,
伟大的管理者比起业绩更关心员工福祉。

当领导者把人放在业绩之上考虑时,
我们的工作才会做得最好。

10月14日　周二

很多看似懒惰的行为，
其背后都是恐惧。

大多数人都能忍受艰苦工作，
而对失败或被拒绝的恐惧阻碍他们前进。

我们需要将结果与自我区分开来。
你的表现可能不尽如人意，作品可能被拒，
但这些都只是人生的一小部分。

十月

10月15日　周三

逆境能击垮我们，
也可以造就我们。

从艰难困苦中走出来的许多人，
都有着全新的力量和联结，
怀揣一颗感恩之心面对新的可能性和目标。

永远不要低估人类精神方面的坚韧。

日 有 所 思

10月16日　周四

高智商的一大标志是,
面对全新的事实能够改变自己的想法。

智慧的一大标志是,
不再恐惧承认错误,
而是努力加以修正。

学习新知识所带来的快乐,
远多于修正旧知识的痛苦。

十月

10月17日　周五

弥补能力差距远比弥补性格差距容易。

拥有丰富经验但价值意识薄弱的人,
不应该对其加以雇用或提拔。

知识和技能可以快速学会,
而正直、谦逊、慷慨等品性则难以教授。

日 有 所 思

10月18/19日　周六/日

太多人为了证明自己的能力，
试图隐藏自己的弱点。

如何克服缺点，提高能力，
更值得与外界分享。

没有挣扎就没有力量，
力量源自挣扎中的奋斗。

十月

10月20日　周一

在糟糕的人际关系中，
人们会忽视你的底线，
将自己的优先权凌驾于你之上。

在健康的人际关系中，
人们会尊重你的底线，
认可你做出的事项安排。

在互相关爱的人际关系中，
人们会保护你的底线，
帮助你信守自己的诺言。

日 有 所 思

10月21日　周二

誓不放弃注定失败的计划,
并非坚韧不拔,而是思想僵化。

勇气不是坚持走行不通的路,
而是在专注目标的同时,
灵活调整路径。

积极的视角依赖周边视野。

十月

10月22日　周三

对某个想法、草案或表现,
当人们犹豫不决,不知作何评价时,
可以让他们按0~10分打分。

无论得到的是3分还是6分,
都问问他们怎么做才能接近10分。

这会促使他们给予你指导,
激励你在指导中有所成长。
缩小差距是每个人都想实现的目标。

10月23日　周四

晨练的一个理由是，
有助于建立克服困难的信心。

晨练后去上班的人，
工作会更加投入，不容易感到疲惫。
他们视手头的任务为需要征服的挑战，
而不是需要规避的威胁。

晨练给人带来能量和高效率。

十月

10月24日　周五

人们如果为了出人头地,
不得不夜以继日地工作,
就会陷入倦怠文化怪圈。

牺牲家庭、朋友、健康和爱好,
并不值得骄傲和自豪,
只能反映出不健康的工作环境。

在健康的文化中,
人人都有工作之外的生活。

日 有 所 思

10月25/26日　周六/日

人们往往比自己想象中更讨人喜欢。

害怕被拒让我们对小错误耿耿于怀，
熟人、室友、同事明明很喜欢我们的陪伴，
却也难以开口同我们分享。

比起评判他人，
大多数人更担心他人的评判。

十月

10月27日　周一

在提供反馈意见时，
最常见的错误之一，
就是把反馈意见当成事实阐述而非意见表达。

反馈不是客观的评估。
而是一种主观性回应。

批评应附带免责声明：
我的观点不一定具有代表性。

日 有 所 思

10月28日　周二

不自信的领导会极力争夺话语权，
借由别人的弱小反衬自己的强大。

自信的领导扩大话语范围，
用自己的力量让别人更加强大。

分享是权力使用的最佳途径。

十月

10月29日　周三

我们都希望获得建议,
特别是从具备相关知识和经验的人那里。

但我们最后往往选择的,
是那些讨喜、随叫随到之人。

考虑重要决定时,
为质量而牺牲一些舒适度是值得的。

日 有 所 思

10月30日　周四

承认自己还有很多东西要学,
不仅仅是谦逊的表现,
还能改善人际关系。

当我们承认自己并非无所不知时,
其他人就会在心理上感到更安全,
也会变得更有效率。

表达自身想要变得更好的愿望,
也在帮助他人变得更好。

十月

10月31日　周五

没有心理疾病并不意味着心理健康。

即使你没有抑郁或倦怠,
也可能会无精打采,感到空虚,停滞不前。

认识自己的情绪,
是走出迷茫的一盏明灯。

十一月 NOVEMBER

11月1/2日　周六/日

真正的朋友，
不一定每周都聊天。

即使一年没联系，
也感觉常伴左右。

没有频繁的交流，
也能建立深厚的联系。

日 有 所 思

11月3日　周一

学习新事物需要好奇心,
而抛弃旧学问需要勇气。

学习新事物者会谦虚地承认,
当下还有哪些未知事物。
抛弃旧学问者会正直地承认,
自己昨天犯了哪些错误。

学习新事物让人不断进步,
抛弃旧事物让人跟上世界发展的步伐。

十一月

11月4日　周二

忠诚决不能以牺牲正直作为代价。

任何要求你违背自己价值观的人，
都不值得你效忠。
尊重底线是信任的基础。

值得你做出承诺的人，
会希望你能坚持自己的原则，
绝不要求你顺从他们的意志。

日 有 所 思

11月5日　周三

初次失败或许是一个善意的提醒：
任何值得追求的事物都得之不易。

快速成功很少发生在舒适区之外，
如果你第一次尝试就达成了目标，
那可能是你的目标太小了。

失败会激励人们挑战自我。

十一月

11月6日　周四

压力并不一定会让人崩溃。

当人们把压力视为一种挑战而非阻碍时,
他们的工作表现就会更好,健康状况也会改善。

与其否认压力,不如拥抱它,利用它,
有压力是因为我足够重视。

日 有 所 思

11月7日　周五

让学习充满乐趣的重要性：

6岁时喜欢上学的孩子，
16岁时就能在考试中取得更好的成绩，
即使控制了智力因素，结果也是如此。

教师为学生的内在动力定下基调。
喜欢老师的学生比厌恶老师的学生
乐于上学的可能性高出9倍。

11月8/9日　周六/日

工作与生活需要保持平衡。

在成长过程中,
没有人希望从事一份与生活隔阂的工作。
人人都希望自己从事的工作能丰富生活。

糟糕的工作让人精疲力竭,
体面的工作足以养家糊口,
健康的工作带来无限活力。

日 有 所 思

11月10日　周一

愤世嫉俗者：我们遇到了问题，但他们不想帮我们解决。

悲观主义者：我们的问题无法解决。

乐观主义者：我们遇到的问题都能解决。

负责任的人：我能帮忙解决问题吗？

致力创新者：我们遇到了问题，正在尝试解决。

十一月

11月11日　周二

在所有的社会比较中,
比较谁感受到的痛苦更甚,
是最没有意义的比较之一。

苦难不需要比较和竞争,
而是需要同情和关爱。

面对失去,
任何人都会感到痛苦。
无论是同你关系亲密的人,
还是你会在远处敬仰的人,
你都有哀悼其苦难的权利。

日 有 所 思

11月12日　周三

智慧并非来自经验，
而是来自对经验的反思。

在25岁至75岁之间，
年龄与智慧之间的相关性为零。

洞察力和视野与你活了多少年无关。
而是取决于你学到了多少经验教训。

十一月

11月13日　周四

我们无法做到每回都控制好内心的情感浪潮，
但我们可以学会更优雅地驾驭它们。

决定不做情绪的奴隶，
是迈向高情商的起点。

找出情绪问题的根源，
进而寻找情绪管理的线索。

日 有 所 思

11月14日　周五

同情比共鸣更仁慈、更积极。

当我们感受到他人的痛苦时,
往往会不知所措,退缩不前。
当我们为他人的痛苦感到担忧时,
我们便会伸出援手。

同情的意义不在于分担感受,
而在于关心别人的感受。

11月15/16日　周六/日

预测自己在哪里能产生最大的影响很难,
在哪里能产生独特的影响则更容易判断。

问题的关键不仅仅在于世界需要什么,
而是要思考哪里值得送出珍贵的礼物。

最有意义的贡献,
往往是那些很少有人能做出来的事业。

日 有 所 思

11月17日　周一

"你长大后想做什么?"
不该这样询问孩子的志向。

我们应该告诉孩子们:
"你是谁比你做什么工作更重要。"
工作只不过是一种活动,
个人身份不由工作决定。

健康的自我意识源于品格,
而非职业选择。

11月18日　周二

缺乏心理安全感的一大表现：
在领导面前一套，背后一套。

缺乏信任和尊重，
我们便会粉饰真实反馈，武装自己。

拥有信任和尊重，
我们就会用事实说话，帮助团队。

日 有 所 思

11月19日　周三

为工作牺牲健康和家庭,
并不是忠诚的表现,
而是优先次序不当。

为工作让步不是敬业,
敬业是对工作的投入。

承诺体现在人们坚持的价值观和做出的贡献中。

人们坚持的价值观、做出的贡献,
都在兑现着自己的承诺。

11月20日　周四

缺乏安全感的人假装自己什么都懂,
对其他领域的专业知识都不屑一顾。

有足够安全感的人承认自己的无知,
尊重其他领域的专业技能。

积极的人会主动学习自己不知道的东西,
积极了解其他领域的专业知识。

日 有 所 思

11月21日　周五

证据不足的情况下还坚持己见，
说明你没有进行批判性思考。

坚定的信念应确立在事实之后，而非之前，
相信什么不该由自己的主观意愿决定。

终身学习的一个原则是，
开放包容，珍惜好奇心。

11月22/23日　周六/日

如果以取得的成就判断自身价值，
那么每当你达不到目标时，
就会觉得自己一文不值。

稳定的自信心来自于，
学会将结果与自尊心分开来看。

卓越是努力、技能和运气的综合体现，
而非人的价值总和。

日 有 所 思

11月24日　周一

如果一个人没有变得更好的决心,
那么他拥有多少经验就并不重要。

不施展才能让别人变得更好,
技艺再多也失去了意义内核。

赌注要压在那些,
致力于提升自己、让别人过得更好的人身上。

十一月

11月25日　周二

你觉得女人话太多，
只是因为你希望她们少讲话。

男人满嘴跑火车可以是自信昂扬的专家。
女人话密就被视为咄咄逼人的长舌妇。

认识到这种不公正现象，
是改变局面的重要一步。

日 有 所 思

11月26日　周三

在不健康的职场文化中，
休闲放松是对精疲力竭的奖励。
疲惫是付出的证明，需要休假来恢复。

在健康的职场文化中，
休假是每个人的权利。
员工健康福祉是重中之重，
需要通过度假来恢复精力。

11月27日　周四

接受赞赏不仅会让自身感觉良好。
还能使内心变得更加强壮。

接受感激能改善心血管功能，
化威胁为挑战，从而提高复原力和工作表现。

接受谢意能强化个体之间的联结。

日 有 所 思

11月28日　周五

许多人将悲伤视为一种苦难。
回避它、压制它,抑或焦急地加以处置,
以便将这种情绪驱逐出生活。

有一种文艺的说法:
悲伤是无法表达的爱。

与悲伤和解是一种手段,
让我们与失去的人保持亲近。

十一月

11月29/30日　周六/日

假期值得大肆庆祝,
不该用来自我充电。

如果工作让人筋疲力尽,
以至于必须利用休息时间来恢复,
那么你可能陷入了职业倦怠的怪圈。

一个健康的组织怎么会一开始就让人精疲力竭。

十二月 DECEMBER

12月1日　周一

并非所有批评都有建设性。
并非所有批评家都在进行批判性思考。

没有说服力的批评借个人身份发挥。
好的批评能够挑战你原本的想法。
有力的批评使你的思维更加敏锐,想法更加完善。

仔细聆听那些关心你、帮助你成长的人的意见。

日 有 所 思

12月2日　周二

保持开放的心态，
不要让想法成为身份的象征。

将真理置于万物之上，
能够激发精神灵活性。

寻找可能出错的原因，
不要找借口证明自己没有犯错。

十二月

12月3日　周三

在每个团队和组织中,
创造安全的心理环境是首要责任。

当人们因指出问题和担忧而受到惩罚时,
他们就会知道直言不讳是不安全的。

打开这扇门,让门一直敞开着,
接下来的一切将由掌权者把控。

日 有 所 思

12月4日　周四

对你好的人不会一直对你好。

只说你想听的话固然很好,
但为了让你自我感觉良好,
人们不惜对建议包装美化。

分享你渴望听到的内容是一种善意,
人们坦诚相告,只为帮助你明天做到更好。

坦诚的另一面是出于真心的关爱。

十二月

12月5日　周五

自我接纳并非放弃自我完善。

务必停止责备自己,
努力成为更好的人。

安于现状并不会扼杀成长,
若能笑着面对自己的缺点,
克服困难也就变得更容易。

日 有 所 思

12月6/7日　周六/日

诚信意味着言行一致。
言必信，行必果。

真实则娓娓道来自己经历的一切，
言语是对行动的反映。

我们要言传身教，身体力行，
始终坚持自己的原则和底线。

12月8日　周一

软弱的领导总是责怪谏言者,
他们视问题为对自己的威胁。

强大的领导则感谢谏言者,
他们视问题为对自身使命的威胁。

伟大的领导会提拔谏言者,
他们认为发现和指出问题,
都需要视野和勇气的加持。

日 有 所 思

12月9日　周二

孩子是否进入精英学校，能否跻身名流，
都不是评判父母成功与否的标准。

对父母真正的考验，
不在于孩子取得什么成就，
而在于孩子如何对待他人。

12月10日　周三

当人们分享自己遇到的问题时,
他们并不总是在寻找解决方案,
往往只是在寻求他人的理解。

发泄情绪也许不会让事态变好,
但却能让人与人变得更加亲近。

最基本的同情不是减轻痛苦,
而是看见痛苦,并理解痛苦。

日 有 所 思

12月11日　周四

弄清一个团队最看重什么，
最直接的方法，
并非听人们说什么是重要的，
而是关注谁获得了奖励，谁晋升到了领导层。

代表团队价值观、实现团队目标的人，
往往会得到重用。

十二月

12月12日　周五

进步并不总是为了变得更好。
有时是为了触底反弹。

成功不仅需要登上高峰，
也要征服低谷。
每一次忍受逆境、克服困难的经历，
都是十分有意义的成就。

坚韧带来成长。

日 有 所 思

12月13/14日　周六/日

在一个团体中，
说话滔滔不绝的人往往不是领导。
领导都善于倾听。

倾听不仅仅是听别人在说什么，
还要留意没有表达出来的内容。

广开言路，
让沉默的大多数发声，
这些都是领导者该做的。

12月15日　周一

管理者和教练们要牢记：
不能以结果论英雄。

表现不如预期不意味着没有拼尽全力，
而意味着已竭尽全力面对生活的动荡。

可变性从来不是缺陷，
而是人类的一大属性。

日 有 所 思

12月16日　周二

强迫人们变得积极，
会带来情绪负担。

糟糕的工作场所控制员工的情绪，
健康的工作场所鼓励员工去表达。

宣泄压力和悲伤都是人的本性，
不存在专业不专业这种说法。

十二月

12月17日　周三

"这是我的观点，我对此坚定不移。"
这种说法会限制个人成长。
固执己见的人很难进步。

成长不仅仅是接受新想法，
还包括重新审视旧的观念。

拒绝改变其实是停止学习。

日 有 所 思

12月18日　周四

当人们不遗余力地帮助你时,
你不必说"我欠你一份恩情"。

慷慨不是必须偿还的贷款,
也不是要清偿的债务,
而是一份值得珍惜的礼物。

有恩必报,
我们要用实际行动表达敬意。

12月19日　周五

拒绝参与无报酬工作不代表不忠诚。
它恰恰反映了其他优先事项的存在。

如果团建活动、聚餐和聚会都是工作的一部分,
那就应该给予一定补偿。

否则,参与与否只是选择,而非义务。

日 有 所 思

12月20/21日　周六/日

软弱的领导者让批评者闭嘴,
这往往让他们显得更加软弱。

强大的领导者让批评者参与其中,
这往往会让领导者变得更加强大。

十二月

12月22日　周一

我们应该更多地允许分歧存在,
避免小争论会让人错失学习的机会。

管理情绪、保持尊重和重新思考都需要练习。

为大型辩论做准备的最佳方式,
是进行小型辩论训练。

日 有 所 思

12月23日　周二

坚称自己是受害者,
绝不是美德的表现。
这是自恋狂和精神变态者的策略。

经常声称自己是受害者的人,
更容易撒谎、欺骗和偷窃。

对那些每天发泄情绪的人,
我们要给予关注,保持警惕。

十二月

12月24日　周三

我们要像关心幸福一样关心过程。

我希望生活在这样一个世界：
既重视快乐，也重视个人目标；
既重视奉献，也重视自我满足；
既重视刺激，也重视诚实；
既重视正义，也重视快乐。

幸福的生活不需要遍地金光。

日 有 所 思

12月25日　周四

善举不应被随机发散。
它不是有意或无意的，
而是源于深刻的价值观或强烈的情感。

帮助他人是关爱的体现，
说明他人的幸福对你来说很重要，
你在努力传递自己的关爱。

十二月

12月26日　周五

追寻激情是奢侈的,
而遵循价值观是必需的。

激情是一块善变的磁铁:
会让你对当下的事物产生兴趣。
价值观是一个稳定的指南针:
为未来指明目标。

激情能带来直接的快乐,
价值观具有持久的意义。

日 有 所 思

12月27/28日　周六/日

追寻意义在于带来改变，
而不是赢得观众。

被少数人重视比被多数人熟知要好。

你的贡献不在于触及范围的广度，
而在于影响的深度。

你的影响力不在于留下多少足迹，
而在于它们能持续多久。

十二月

12月29日　周一

迎接新挑战不是关于资格的问题，
而是关于贡献的问题。

冒名顶替综合征患者会说："我还没准备好。"
成长型思维则会告诉你："我会做好准备。"

问题不在于你是否属于这里，
而是在于你能做出多少改变。

日 有 所 思

12月30日　周二

无论你爬得多高，挣多少钱，
如果你不曾为过程感到自豪，
就不算成功。

地位是对结果的奖励。
性格在过程中得以彰显。

在符合自己原则的道路上，
才能取得最有意义的成就。

十二月

12月31日　周三

反刍昨天关闭的大门固然令人沮丧,
但为今天寻找敞亮的出口,
亦是一种全新的身心解放。

你无法改变过去。
但永远可以选择未来想成为的样子。

身份标签是一种权利,
命运永远掌握在自己手中。